MENTES
LIBRES

 ELIMINA LO STRESS

# ELIMINA LO STRESS

## Tecniche ed esercizi

ELIMINA LO STRESS

# CONTENUTI

# Introduzione

Sono sicuro che a un certo punto tutti abbiamo avuto una spiacevole dose di stress nelle nostre vite. Alcuni di noi lo sperimentano a livelli più alti rispetto ad altri, e oggi sempre più persone stanno vivendo livelli più elevati di stress.

Abbiamo la pressione del nostro lavoro. Oggi non c'è quasi "sicurezza del lavoro". Poiché il divorzio è diventato una pratica più accettabile, i tassi di divorzio sono aumentati, creando più stress.

Prima, l'uomo andava a lavorare tutti i giorni mentre la donna restava a casa e si occupava della casa e dei bambini. Quei giorni sono un ricordo del passato. La maggior parte degli uomini e delle donne deve lavorare per stare al passo con le bollette. Con l'aumentare della nuova tecnologia della vita, ci costringe a evolvere con il mondo o a dissolversi.

Ora abbiamo le bollette del telefono cellulare, le bollette di Internet, l'ipod, l'aria condizionata, la lavastoviglie, anche se in questi giorni non hai una TV al plasma sei quasi indietro!

Lo stress può causare molte spiacevoli sensazioni nel tuo corpo, che possono indurre le persone a credere di avere una grave condizione medica.

**Può anche portare a:**

- Ansia e disturbo di panico
- Depressione
- Disturbo ossessivo-compulsivo
- Obesità

- Ulcere
- Diabete
- Cardiopatia
- Abuso di sostanze
- Ipertiroidismo
- Anoressia o malnutrizione
- Cancro
- Malattia di denti e gengive

**Ecco un elenco dei sintomi che lo stress può causare:**

**I fisici**

- Insonnia
- Dolore alla schiena, alle spalle o al collo
- Tensione o emicrania
- Sconvolto o bruciore di stomaco, crampi, bruciore di stomaco, gas, sindrome dell'intestino irritabile

- Costipazione, diarrea
- Aumento o perdita di peso, disturbi alimentari
- La perdita di capelli
- Tensione muscolare
- Fatica
- Ipertensione
- Battito cardiaco irregolare, palpitazioni
- Asma o mancanza di respiro
- Dolore al petto
- Palmi o mani sudati
- Mani o piedi freddi
- Problemi della pelle (orticaria, eczema, psoriasi, tic, prurito)
- Malattia parodontale, dolore alla mascella
- Problemi riproduttivi
- Soppressione del sistema immunitario: più raffreddori, influenza, infezioni
- Inibizione della crescita

## Emotivo:

- Nervosismo, ansia
- Depressione, cattivo umore
- Farfalle
- Irritabilità, frustrazione
- Problemi di memoria
- Mancanza di concentrazione
- Difficoltà a pensare chiaramente
- Sentirsi fuori controllo
- Abuso di sostanze
- Fobie
- Reazioni esagerate
- Tearing
- Nessun senso dell'umorismo
- Sentirsi sopraffatti e incapaci di farcela

## Può anche causare:

- Argomenti aumentati

- Isolamento dalle attività sociali
- Conflitto con colleghi o datori di lavoro
- Frequenti cambi di lavoro
- Furia della strada
- Violenza domestica o professionale

Ecco perché imparare a ridurre lo stress è così importante. Quindi qui in questo libro, ti mostrerò alcune tecniche di rilassamento naturale che puoi usare per ridurre i livelli di stress .

# Capitolo 1: Massaggi

**I benefici del massaggio:**

- Rilascia endorfine, che è un antidolorifico naturale che dona una sensazione di benessere.
- Aiuta la pressione sanguigna
- Aiuta la tua frequenza cardiaca
- Rallenta il tuo metabolismo
- Migliora la respirazione
- Aiuta con la circolazione sanguigna
- Migliora la tensione e la rigidità
- Migliora la mobilità e la flessibilità
- Riduce spasmi e crampi
- Riduce l'ansia
- E ovviamente riduce lo **STRESS!!**

Ecco un massaggio che puoi eseguire da solo

In piedi o seduti, scrollate le spalle e spingetele indietro il più possibile.

Ora tienilo premuto per 5 secondi.

Ripeti questa azione 5 volte.

Ora metti la mano sulla spalla e strofina con forza verso il collo.

Fallo 3 volte.

Ora posiziona le dita sulla parte posteriore del collo e strofina con un movimento circolare verso la parte posteriore della testa.

Ripeti questo 5 volte.

# Elimina il mal di testa usando questa tecnica

Usando entrambe le mani, iniziando dal centro, strofina le mani insieme...

E fino alle tempie con la punta delle dita.

Ora metti una mano sulla fronte. Con le dita orizzontali, sposta delicatamente la mano verso l'attaccatura dei capelli.

Ripeti il processo con l'altra mano.

Continua fino a quando la tensione scompare.

## Massaggio alle mani

Questa piccola tecnica è un antico tipo di massaggio e guarigione cinese.

Usando l'altra mano, posiziona il pollice e l'indice tra la rete dell'altra mano dove l'osso si incontra e massaggia.

Fallo per un minuto.

Quindi ripetere il cambio di mani.

**Massaggio ai piedi**

Metti una mano sul piede e l'altra sotto la pianta del piede, quindi accarezzagli delicatamente dalle dita dei piedi alle caviglie. Riporta le mani in punta di piedi.

Ripeti.

Sostieni il piede con una mano. Stringere saldamente ogni dito e tirare allungando ciascuno.

Con un pollice sull'altro, fai una linea di pressione decisa al centro della pianta del piede e linee su ciascun lato. Quindi, con un pollice, applica una pressione circolare sull'arco e sulla palla del piede.

Sostieni il piede con una mano e fai l'altra con un pugno lento. Fai movimenti delle nocche sulla pianta del piede ondulando le dita con piccoli movimenti circolari.

Mainte endo piede con una mano, colpisce l a pianta invece, si allontana mano al momento tocca il piede, in modo che l'effetto è leggera ed elastica.

Ora, accarezza la punta delle dita intorno alla caviglia mentre ti avvicini alla gamba e delicatamente mentre scivoli indietro.

Finisci per accarezzare il piede come hai fatto all'inizio.

Certo, non c'è niente come convincere qualcun altro a massaggiarti.

Se sei pronto a mettere qualche dollaro, vai da un professionista. Cerca le tue pagine gialle. Scoprirai persino che alcuni verranno a casa tua per farlo!

# Capitolo 2: Meditazione

**Vantaggi dell'uso della meditazione:**

- Aumenta la coerenza delle onde cerebrali
- Costruisci più creatività
- Riduce l'irritabilità e il cattivo umore
- Migliora la capacità di apprendimento e la memoria
- Aumenta la felicità
- Aumenta la stabilità emotiva
- Riduci l'ansia
- Abbassa la pressione alta
- Può migliorare i livelli di colesterolo
- Aumento del flusso d'aria ai polmoni
- Un corpo più rilassato
- Bassi livelli di stress
- Migliora la circolazione

•Diminuisce il processo di invecchiamento

Il punto di usare la meditazione antistress è di distogliere completamente la mente dalle preoccupazioni.

**Ecco alcune cose da fare in preparazione alla meditazione:**

•Hai lo stomaco vuoto

•Assicurati di essere in un posto tranquillo dove non ci sono distrazioni.

•Assicurati di essere seduto in una posizione comoda

•Consiglierei di meditare per prima cosa al mattino, per rilassarmi il resto della giornata.

•È anche ottimale esercitarsi ogni giorno per almeno 15 minuti.

**Ecco una meditazione semplice e veloce che puoi provare:**

Inizia sedendoti comodamente e assicurandoti che il tuo turno sia dritto. Guarda in basso e non concentrarti su nulla.

Facciamo in modo che le palpebre scendano a un livello te un risultato confortevole. Tuttavia, la chiusura è non occhi.

Continua a guardare in basso. Il tuo respiro dovrebbe essere più lento e profondo.

Dopo 5 minuti, rimetti a fuoco gli occhi normalmente. Dovresti sentirti più rilassato.

La meditazione non è una cosa facile da imparare. Devi essere dedicato e praticarlo religiosamente a tuo vantaggio.

Se vuoi imparare a meditare, ti consiglio di iniziare con il campione semplice e veloce che ti ho appena dato. Quando riesci a eseguire con successo quell'esercizio, allora ti consiglio di guardare oltre nella meditazione.

# Capitolo 3: Aromaterapia - Oli essenziali

**Vantaggi dell'aromaterapia:**

- Migliora la circolazione
- L'ho trovato molto interessante da imparare, può anche aiutare nella demenza
- Riduce l'ansia
- Aiuta a sostenere il sistema immunitario
- Allevia il dolore e la tensione
- Può alleviare il mal di testa
- Può aiutarti a dormire bene

**Come usare gli oli aromaterapici:**

- **Nella vasca da bagno**: Basta aggiungere alcune gocce

•**Inspira:** puoi aggiungere una goccia alla mano e inalare

•**Massaggio:** assicurarsi che sia diluito

•**Vaporizzazione**: usando un bruciatore, questo trasporterà l'odore in tutta la stanza

**Ecco un elenco di alcuni oli essenziali rilassanti:**

•**Bergamotto:** Lenitivo, edificante e buono per la tensione e la depressione.

•**Camomilla:** Lenitiva, adatta all'insonnia

•**Gelsomino:** Uno stimolante o sedativo, eccellente antidepressivo e afrodisiaco

•Il ginepro fa bene alla fatica e all'aumento dell'autostima.

•**Ylang ylang:** Lenitivo; usato come afrodisiaco e ottimo per gli attacchi di panico

•**Rosmarino**: Rinfrescante e stimolante

•**Melissa:** Equilibra le emozioni

•**Legno di sandalo:** Usato come antidepressivo e afrodisiaco

•**Vetiver:** Equilibra il sistema nervoso, ottimo per l'insonnia

•**Lavanda:** Un olio molto utile e popolare, usato per il relax e come antidepressivo e antidolorifico.

•**Basilico:** Ascensore

Un elenco di oli essenziali che possono essere dannosi se utilizzati in modo errato: questi dovrebbero essere utilizzati solo da un terapista dell'aroma qualificato.

•Ajowan

•Mandorla, amara

•Arnica

•Betulla, dolce

•Boldo Blade

•Scopa, spagnola

•Calamus

- Canfora
- Deertongue
- Aglio
- Rafano
- Jaborandi
- Melilotus
- Sagebrush
- Mostarda
- Cipolla
- Menta romana
- Ruta
- Sassafras
- Thuja
- Wintergreen
- Wormseed
- Assenzio romano

## Suggerimenti:

•Diluire sempre gli oli essenziali in una soluzione all'1% o al 2,5%.

•Applicare non oli essenziali direttamente sulla pelle.

•Leggere sempre le precauzioni su ogni flacone prima di usarli

## Avvertenze

**ALTA PRESSIONE SANGUE**: Evita cipressi, chiodi di garofano, noce moscata, pino, rosmarino, salvia e timo.

**BASSA PRESSIONE AL SANGUE:** Evitare l'uso di maggiorana dolce e Ylang Ylang.

**EPILESSIA:** Evitare finocchi, issopo, menta e salvia.

**INSOMNIA:** Evita la menta, il basilico, la verbena al limone e il rosmarino.

**PROBLEMI GASTRICI:** Evitare cannella, chiodi di garofano , aglio, origano e prezzemolo.

**MALATTIE CRONICHE DEL RI:** Nón Problemi urinari - previene la bacca di ginepro, l'eucalipto, i semi di prezzemolo e il pepe nero.

**USURA DELLA PATCH STROGEN:** Previene il geranio.

**ESPOSIZIONE AL SOLE:** Prima di andare al sole o usare lettini abbronzanti, evitare bergamotto, pompelmo, limone, lime, mandarino e arancia.

Skin Irritants - utilizza un massimo di 3 gocce quando si usano i seguenti oli in un bagno:

basilico, limone, citronella, noce moscata, menta e timo.

**CARDIACA FIBRILLAZIONE:** Uso non menta e rosmarino.

**AMAZON**: Alcuni oli essenziali possono aiutare, ma procedi con cautela.

**GRAVIDANZA:** Consultare il proprio medico prima di utilizzare oli essenziali.

# Capitolo 4: Come ridurre la tensione muscolare

Ecco un piccolo esercizio che puoi usare per ridurre la tensione muscolare.

Prima di tutto, inizia togliendoti le scarpe e assicurati di non indossare abiti attillati. Può fare mentire en pavimento o letto. Metti un cuscino sotto la testa. Chiudi gli occhi e concentrati sulla respirazione lentamente, con maggiore enfasi sull'espirazione.

Stringere i muscoli del piede destro e tenere che per 5 secondi, poi rilassatevi. Teso il pantor muscolo Rilla piede destro e tenere lì per 5 secondi e poi relájat e. Serrare il muscolo della coscia della gamba destra e tenere che per 5 secondi, poi rilassatevi.

Ripeti questa stessa sequenza con la gamba e il piede sinistro.

Tendi i muscoli del braccio destro, stringi i pugni per 5 secondi, quindi rilassati. Ripeti ora con il braccio sinistro.

Stringi ciascuno dei tuoi glutei, tenendoli per 5 secondi ogni volta e poi rilassati. Quindi tendi i muscoli dello stomaco e rilancia .

Alza le vostre spalle fino alle orecchie, tenere li per 5 secondi, e poi rilassarsi. Ripeti tre volte. Muovi delicatamente la testa da un lato all'altro.

Ora aggrotta le sopracciglia e arriccia il naso, tienilo per 5 secondi e rilassati. Ora alza le sopracciglia e rilassati .

Concentrati sul respiro. Allunga le dita dei piedi, piega le ginocchia e rotolare i vostri lateralmente, poi lentamente ottenere up.

Ti senti più rilassato adesso?

# Capitolo 5: Musica

Bene, non c'è dubbio che la musica può avere un profondo effetto sulle tue emozioni. E alcune canzoni attiveranno ricordi per te.

Se ti sei mai reso conto di come guidare la tua auto e ascoltare la radio e improvvisamente appare una canzone di 10 anni fa e ricordi di aver cantato questa canzone in cima ai tuoi polmoni con i tuoi amici e improvvisamente ti senti felice?

O forse senti una canzone che hai suonato quando ti sei separato con qualcuno di speciale e improvvisamente ti senti triste?

O anche quando ascolti una canzone la prima volta, il ritornello ti colpisce nel cuore e piangi...

Vediamo i vantaggi di Relaxation Music:

- Allevia l'ansia
- Aiuta ad alleviare lo stress dal tuo lavoro
- Aiuta a riprendersi da una lesione cerebrale
- Aiuta a migliorare il benessere emotivo
- Può aiutare ad alleviare il dolore cronico o acuto
- Riduce le possibilità di avere l'ipertensione.
- Ti aiuta a rimanere calmo
- Riduce la frequenza cardiaca
- Rallenta la respirazione
- Rallenta il tuo pensiero

# Capitolo 6: Esercizio

**I benefici dell'esercizio:**

- Riduce il rischio di morte prematura
- Ridurre il rischio di sviluppare e / o morire di malattie cardiache
- Ridurre la pressione alta o il rischio di svilupparla
- Abbassa il colesterolo alto o il rischio di sviluppare colesterolo alto
- Ridurre il rischio di sviluppare il cancro al colon e al seno
- Ridurre il rischio di sviluppare il diabete
- Ridurre o mantenere il peso o il grasso corporeo
- Costruisci e mantieni muscoli, ossa e articolazioni sani

- Ridurre la depressione e l'ansia
- Migliora il benessere psicologico
- Miglioramento delle prestazioni lavorative, ricreative e sportive

**Esercizi che puoi fare comodamente a casa tua:**

- Sit e.
- Approfitta dei tuoi passaggi se li hai, ci vuole solo un passo. Ciò funzionerà i muscoli delle gambe e aumenterà un po 'l'adrenalina.

- Sollevamento pesi mentre si guarda il bambino televisione

- Retrazione dello stomaco (se non si è sicuri di cosa si tratta, spiegherò: sedersi su una sedia con la schiena premuta contro lo schienale della sedia, espirare e allo stesso tempo inalare la pancia, tenere l'interno per 2 o 3 secondi, quindi rilascia la pancia mentre espiri )

- Squat

- Fai esercizio aerobico (di solito c'è un programma aerobico al mattino) o, ovviamente, puoi sempre acquistare un video di esercizi aerobici.

Naturalmente, non c'è niente come uscire di casa e fare una passeggiata nel parco o nei giardini botanici per godersi e scoprire il mondo che ci circonda.

Una passeggiata di 15 minuti ogni giorno farà meraviglie per te. E naturalmente la luce del sole ha i suoi benefici anche per te . È stato riferito che gli scienziati ritengono che la luce solare possa aiutare a prevenire questi tumori:

- Tumore al seno
- Cancro al colon
- Cancro ovarico
- Cancro alla vescica
- Cancro uterino
- Cancro allo stomaco
- Cancro alla prostata

# *Rilassati e rilassati !!!!!!!*

**Visita la nostra pagina degli autori su Amazon! E ottenere più libri di MENTES LIBRES!**

https://www.amazon.it/MENTES-LIBRES/e/B08274DDV4?ref_=dbs_p_ebk_r00_abau_000000

**Se lo desiderate, potete lasciare il vostro commento su questo libro cliccando sul seguente link in modo che possiamo continuare a crescere! Grazie mille per il vostro acquisto!**

https://www.amazon.it/dp/B089NJ2ZL4